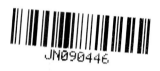

林 佐知子 詩集

いのちの音

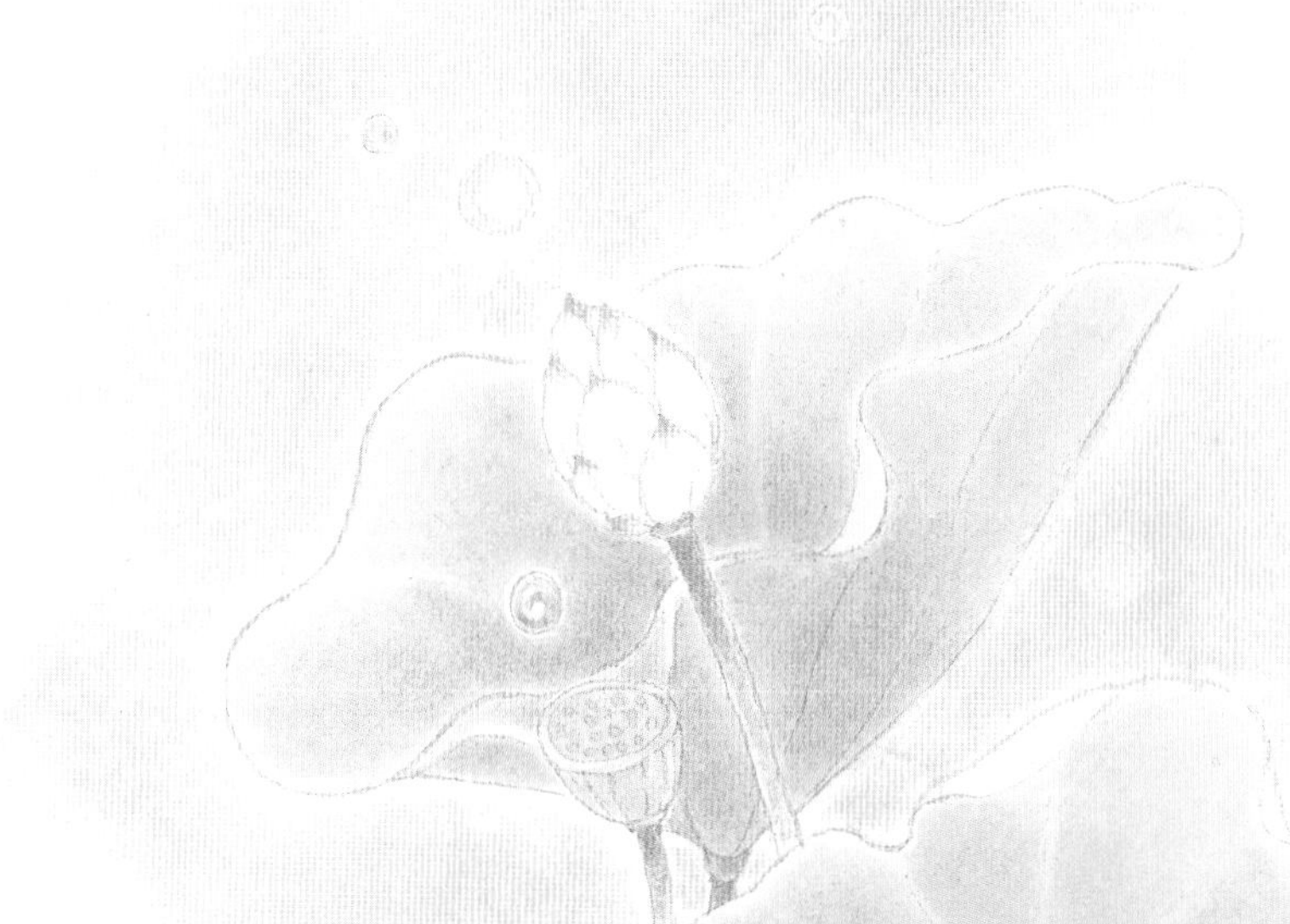

もくじ

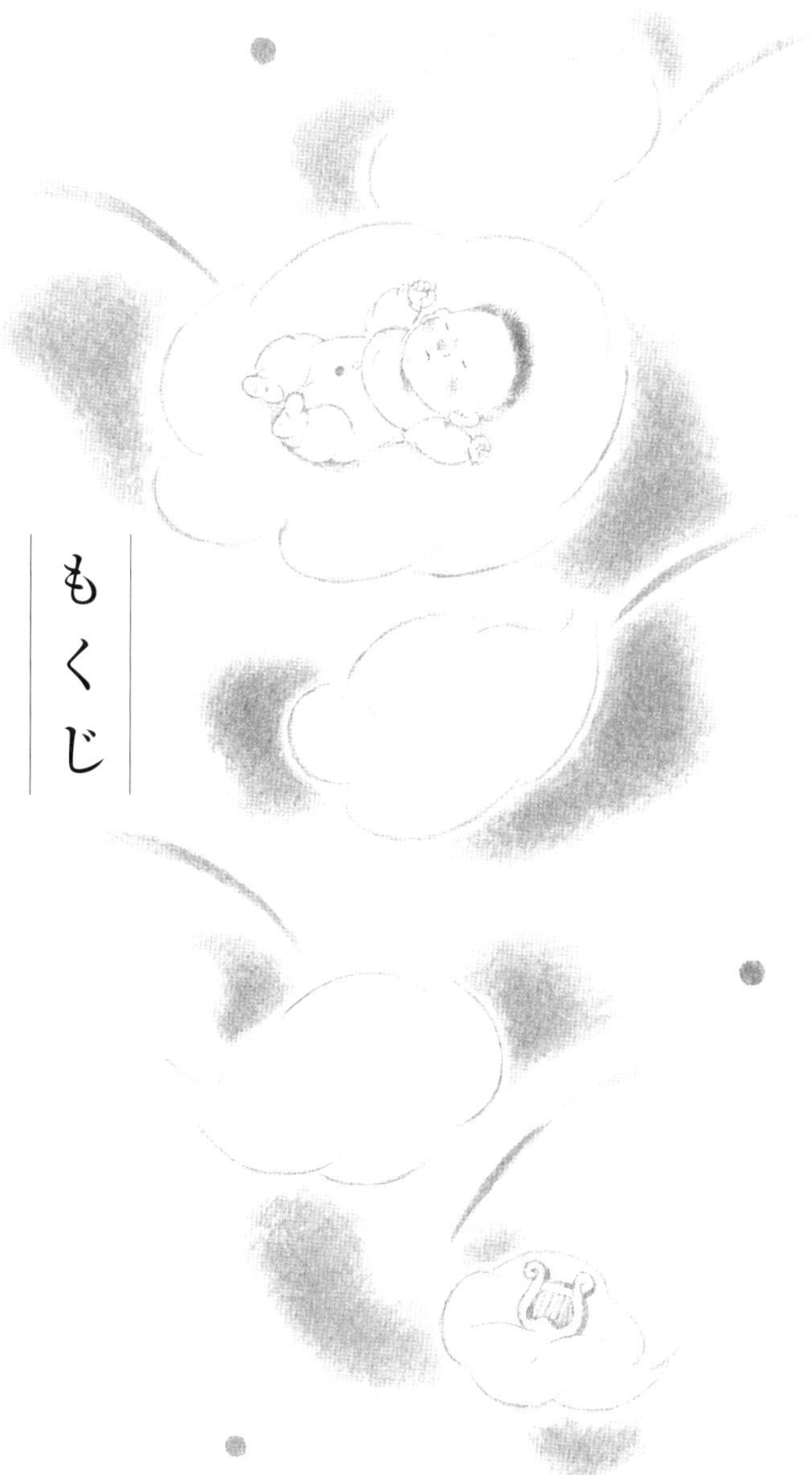

朝
窓《まど》をあける

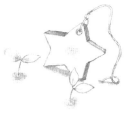

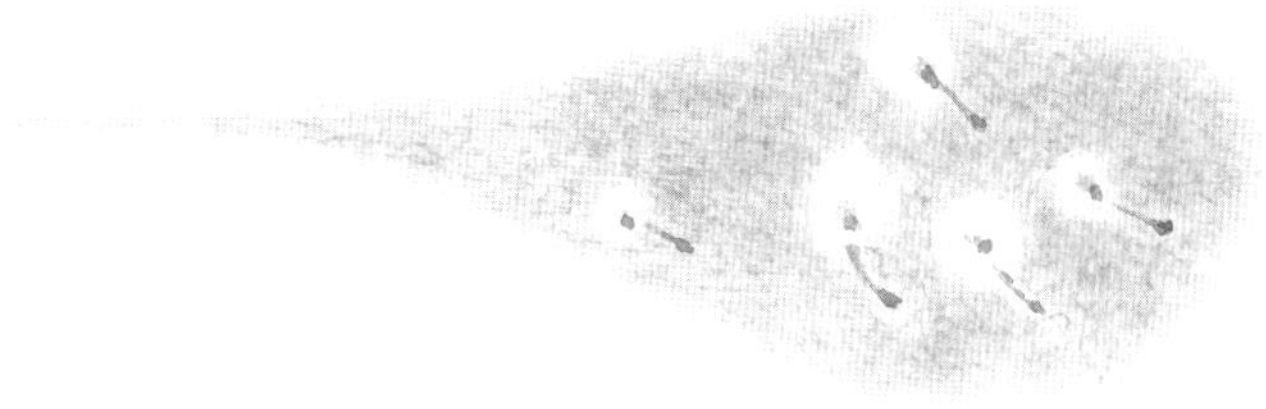

朝

窓《まど》をあける

朝　窓《まど》をあける

朝　窓をあける

昨日《きのう》の空気と
今日の空気を
いれかえる

昨日の私《わたし》と

今日の私を
いれかえる

ま冬でも
ま夏でも
朝　窓を　大きくあけて

今日の空気の
今日の私に
なる

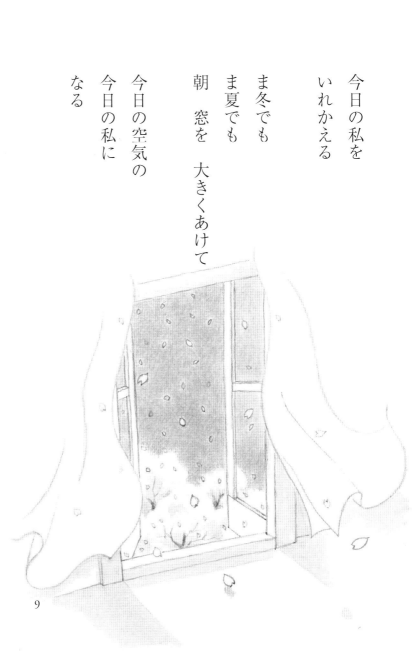

花

花は
一年の
時間をかけて
咲《さ》く

じぶんの花を
じっくり

咲かせてゆく

人も
花になって
時間をかけて

じぶんだけの
花を
じっくり
咲かせてゆこう

沈丁花《じんちょうげ》はマスクをはずして

ちらほら咲《さ》きだした
沈丁花
マスクをしていると
香《かお》りがよくわからない

ふと見ると
マスクをはずして
顔を
近づけている人がいる

なんてこまやかな人だろう
深《しん》呼《こ》吸《きゅう》して
鼻《はな》から　胸《むね》いっぱい
香りを吸《す》いこむ
香る花へのマナー　礼儀《れいぎ》だ

私《わたし》も　まねる
マスクに覆《おお》われていた鼻が
くんくん生《い》き返《かえ》る
ああ　胸にしみる　ひろがる
早春のなつかしい香り
沈丁花　これこそ　沈丁花

桜《さくら》のトンネル

お年寄《としよ》りから
赤ちゃんまで
うすいピンクの
桜のトンネルをくぐっている

うれしそうに
たのしそうに
しあわせそうに

生きてるよろこびを
桜から　もらってる
生まれたよろこびを
桜から　もらってる

ひとり　ひとりの　きょうが
ひとり　ひとりの　あしたが
桜色に染《そ》まってる

桜のトンネルは
来年につづいている

大地笑《わら》う

たんぽぽ
たんぽぽ
まきちらし
高原の
大地が
笑ってる
すみれ

すみれ
ちりばめて
高原の
大地が
ほほ笑《え》んでる

くさ
くさ
ふきあげて
高原の
大地が
はくしゅしてる

空色のランドセル

一年生になれたら
ほしいもの
空色のランドセル

毎日　空といっしょに
学校へかよう
毎日　空といっしょに

家にかえってくる

くもりの日でも
雨の日でも
いつも　背中《せなか》に
大好《だいす》きな青空が

ほかのどの色より
わたしは　ほしい
わたしが
わたしになれる
空色のランドセル

パパは英雄《えいゆう》

おちる　おちる
ウクライナの子どもの目から
なみだが　おちる

首都《しゅと》キーウの
パパと別《わか》れて
ママと　となりの国へ
列車《れっしゃ》で避難《ひなん》する
男の子の目から

「パパは　英雄
ぼくたちを
たすけるんだ……」

つぶやくそばから
おちる　おちる
戦争《せんそう》で引《ひ》き裂《さ》かれた
張《は》り裂《さ》ける心が
なみだになって

なみだを止めるおとなは
この世界《せかい》の　どこにいるのだ

五月の風になれ

大きな口あけて
こいのぼりがおよぐ
五月の風になれ

若葉《わかば》をひるがえし
緑《みどり》の香《か》ふりまく
五月の風になれ

一年でいちばん
ここちよい風ふく
五月の風になれ

大空へ　ゆく雲へ
澄《す》んだ翼《つばさ》をひろげ
今日から　明日へ
心の窓《まど》あけて

こどもたちよ
こどもだった　おとなたちよ
五月の風になれ

夏の貴公子《きこうし》

夏の貴公子が
五月の空の道をやってきた
さわやかな風を
お供《とも》に　したがえて
えんび服《ふく》のつばめは　道案内《みちあんない》
若葉《わかば》と
こいのぼりが

晴れやかに迎《むか》えている

ぷん　と　すがすがしい
若葉の香《かお》りを
さらっさらっ　と　お供の風が
あたりにふりまいて

すっ　と　背《せ》をのばすと
夏の貴公子は
歩みだす
颯爽《さっそう》と
大地に　夏をとどけに

六月のカレ

六月に　決《き》まって
あう　カレがいる
ぬらりと光る
緑《みどり》の背《せ》中《なか》の　トカゲ

用心深《ようじんぶか》く
草や　石の間から出る
そして　いそげ　いそげと
かけ声かけているように

するするっと　あちらの
草のなかへ　消《き》える

ぬらりと光る緑が
ぎらりと鈍《にぶ》い陽《ひ》の光と
かけ算をして
むし暑《あつ》さ　倍《ばい》になる

決《けっ》して　カノジョに
なりたくはない
が　憎《にく》めず　ニヤリと
目で追《お》う
六月のカレを

羽をひろげた傘《かさ》

くるくるつぼんでいた
羽を
サッ　とひろげた
傘

羽の下で
ぬれないように
「わたし」を守《まも》り

雨に　羽ばたいてゆく

羽にあたる　雨の音
流《なが》れる　雨のしずく
乾《かわ》いていた羽の色は
雨にうたれて　つややかに

羽ばたいて
雨に羽ばたきつづけて
目的地《もくてきち》まで　いきいきと
「わたし」を運《はこ》んでゆく
傘　「わたし」の傘

おーい　夏

手をふる　手をふる
太陽《たいよう》に
手をふる　手をふる
青空に

長い梅雨《つゆ》の
トンネルを

ようやく　抜《ぬ》けた
晴れた日に
噴水《ふんすい》のように
よろこびが
空へ　空へと
吹《ふ》きあがる

手をふる　手をふる
青空に
手をふる　手をふる
おーい　夏

ぼくが決《き》める

——一人っ子は　かわいそう？

「一人っ子は　かわいそう」
どこの　だれが　決めたの？
「一人っ子は　おもしろい」
ここにいる　ぼくが　決めた
自転車《じてんしゃ》に乗《の》って
風切って

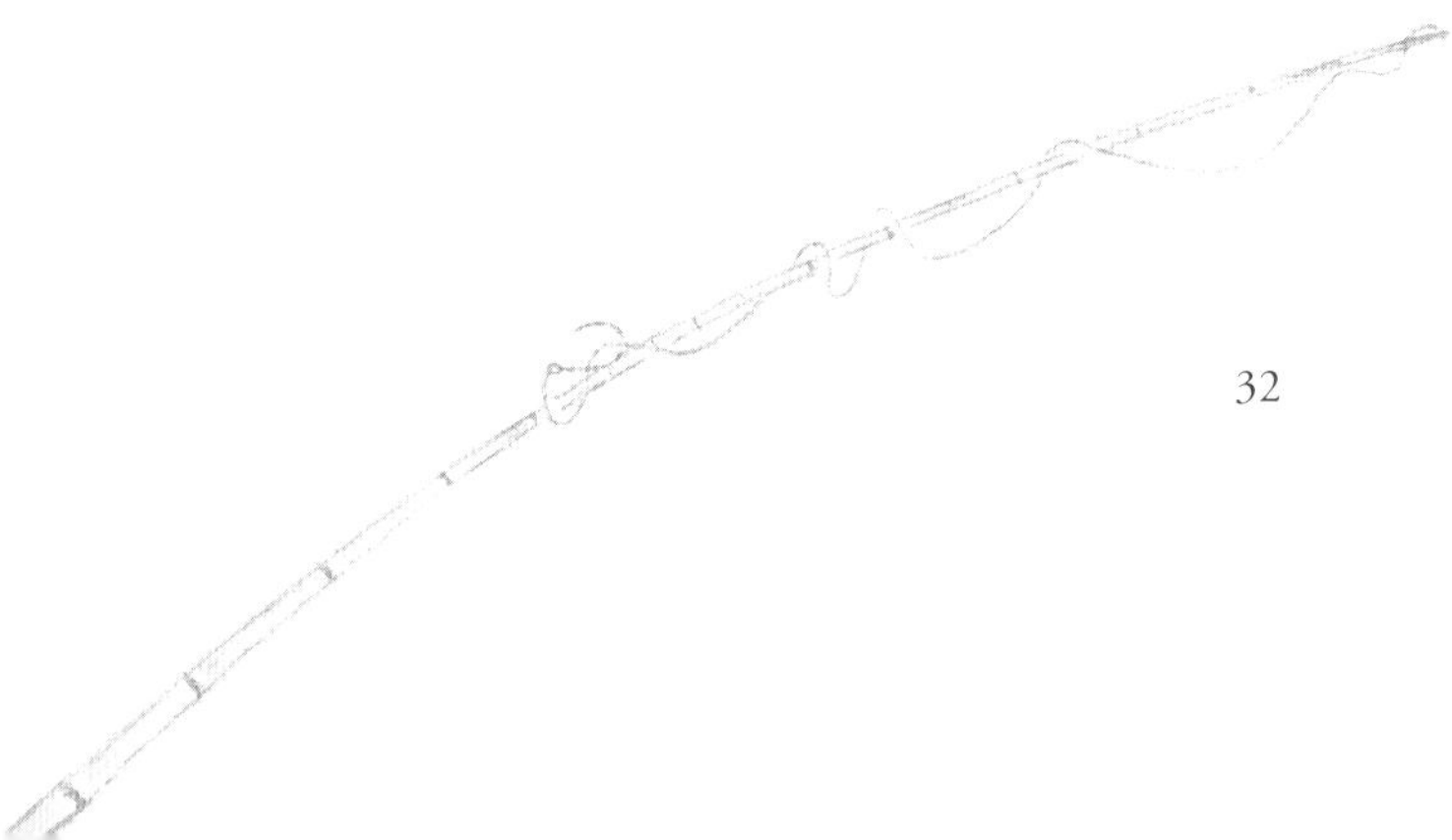

遠くの町まで行ってみる
道がわからなくなったら
勇気《ゆうき》をだして
きいてみる

世界《せかい》がぐんと　ひろがる
ぼくは　ぼくを
越《こ》えてゆく

だれかになんて決められない
ぼくが　じぶんで　決めるんだ

＊二〇二二年六月二九日　朝日新聞「声」欄に掲載《けいさい》された文章《ぶんしょう》「どう思いますか　一人っ子」から詩《し》に

ぎんなんの雨

風が吹《ふ》くたび
雨がふる
大イチョウから
雨がふる

ぱらぱらぱらと
金　金　大つぶ

金の雨

ぽたぽたぽたと
音たてて
地面《じめん》におちて
つぶれる

風がやむと
雨もやむ
おちた　ぎんなん
秋　におう

太陽《たいよう》のことば

秋晴れを歩いていると
太陽の
大きなてのひらが
いつのまにか
背《せ》中《なか》をあたためてくれていた

そして

じんじんあたたかい背中から
太陽のことばをきいた

「ひとりではないんだよ」

天に　ひとつの太陽と
地に　ひとりのわたし
ふたりになって
歩く
秋の道

おちばであそぼ

公園の木の下で
先生が　おちば　あつめて
あつめて　あつめて
それ！
おちばのシャワー

こどももたちみんな
うさぎみたいに

ぴょん　ぴょん　はねて
こいぬみたいに
きゃん　きゃん　声あげ

先生はまた
おちばあつめて
あつめて　あつめて
それ！

ぴょん　ぴょん
きゃん　きゃん
楽しさがとまらない

桜《さくら》の木の下に

春に花《はな》咲《さ》く桜の木の下に
十二月
菜《な》の花の　いくつもの
小さな芽《め》がでた

「めめちゃん」
とよびたい　かわいい芽たち
使命《しめい》がある
桜の根《ね》と木を守《まも》るという

種《たね》はそのためにまかれた
厳《きび》しい寒《さむ》さにさらされ
年を越《こ》し
冬を越えてゆく
そして　春
美《うつく》しい桜のまわりで
菜の花は
頼《たの》もしい桜守《さくらもり》に

春を　つつみこんでいる
めめちゃん　菜の花の芽

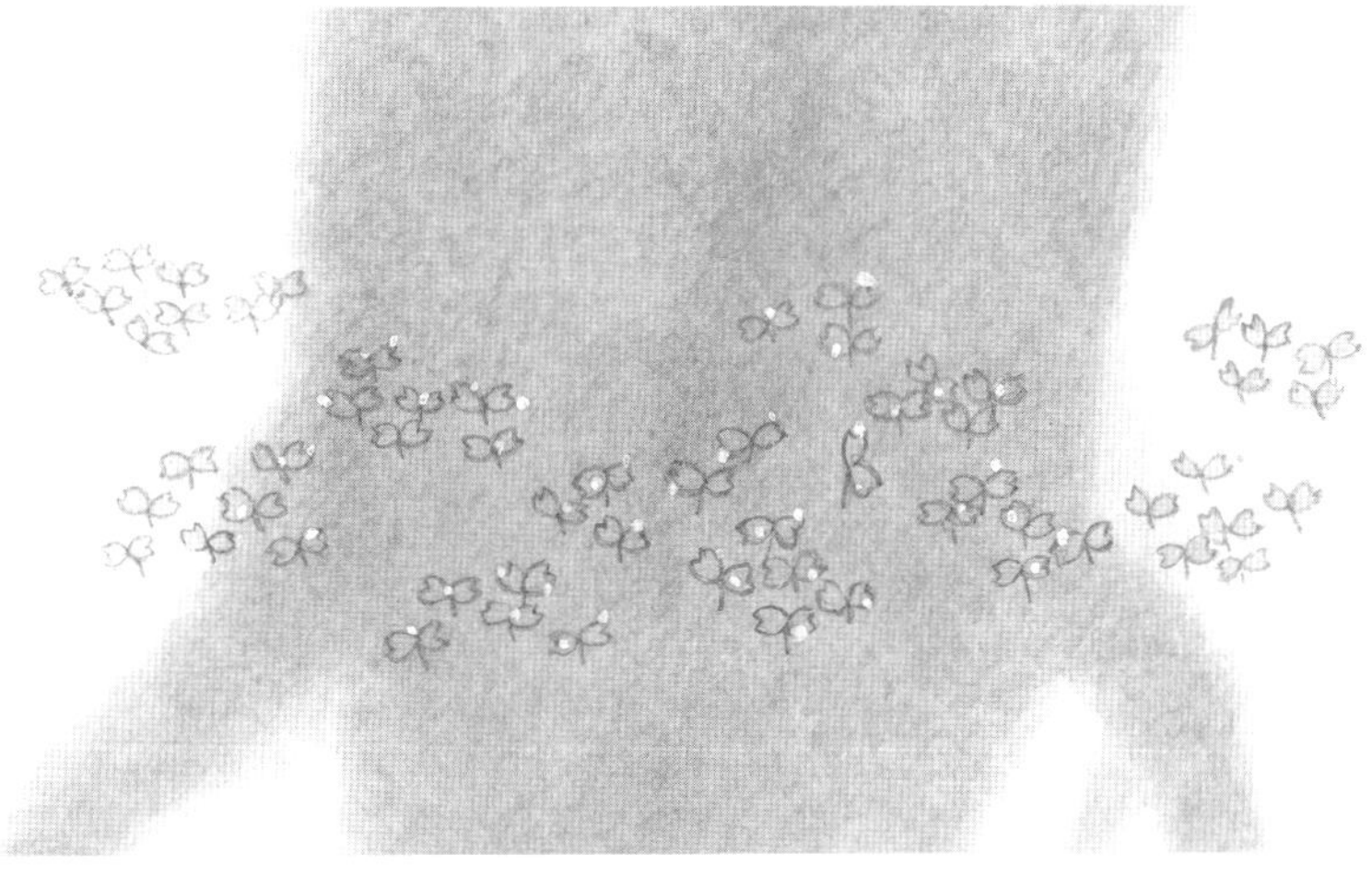

世界中《せかいじゅう》のクリスマスの朝に

サンタクロースさん
ことしは　世界のようすが
いつもの年とは　ちがいます
家で　家族《かぞく》そろって
当たり前に　安心安全《あんしんあんぜん》に
暮《く》らせない国が　あります

だからこそ　おねがいです

暖《あたた》かな　わが家ですごせない
子どもたちにも
お父さんと　離《はな》れて暮《く》らす
子どもたちにも

世界中の
どんな環境《かんきょう》の子どもたちにも
クリスマスプレゼントを
とどけてください

笑顔《えがお》の花が
明日《あす》の朝に　咲《さ》きますように

また会おうね

またね　またね
また会おうね
私《わたし》と　あなたの
約束《やくそく》　またね

会える　あなたの
いる　しあわせ

ここに　私が
いる　よろこび

いまが　未来《みらい》と
あくしゅする
ふたりの　未来と
軽《かろ》やかに

またね　またね
また会おうね
あしたが　きらっと
光ってる

赤ちゃんは　すごい

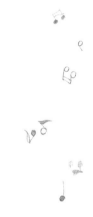

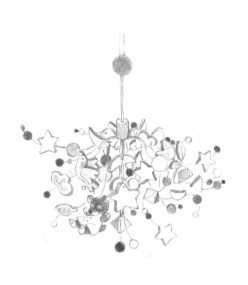

いのちの音

どくん　どくん　どくん
心臓《しんぞう》が鼓動《こどう》してる
これが　いのちの音

おかあさんの
おなかの中にいたときから
死《し》ぬそのときまで

一日の休みもなく
ひとつっきりの　いのちを
一回きりの　生を
刻《きざ》み込《こ》んでいる
この星に生まれた
すべての人は

ゆびを　にぎる

赤ちゃんの手が
お母さんのゆびを　にぎる
ぎゅっと　にぎる

もう
へその緒《お》は
切れてしまったけれど
ここに　もうひとつ　あった
いのちと

いのちをむすぶ　つながりが

赤ちゃんの手が
お父さんのゆびを　にぎる
ぎゅっと　にぎる

ほら
いのちが
目にみえてつながっている
ここに　たしかに　ある
いのちと
いのちのふれあう　ぬくもりが

かわいいね　赤ちゃん

「かわいいね」
「かわいいね」

お母さん
お父さん
おばあちゃん
おじいちゃん
通りすがりの

おじさん
おばさん
おねえさん
子どもたち

会ったひと　みんなから
ほほえみながら
あたたかい
愛《あい》のことばをかけられて

赤ちゃんは
大きくなっていく

お父さんから生まれてきた？

お父さんができるのは
しごとだけではない

赤ちゃんの　ミルク
つくれる　のませられる
そのあとの　ゲップだって
おむつも　かえられる
うんちだって　サッと
手ぎわよく　できる　できる
おふろも得意《とくい》

おふろあがりの
肌《はだ》を乾燥《かんそう》から守《まも》る
全身《ぜんしん》クリームぬりも
そして　泣《な》いたら　よしよし
あやすことはもちろん

昔《むかし》のお父さんがみたら
ひっくりかえるだろう
お父さんから
生まれてきた子みたいに
なんでもやる　できる

お母さんといっしょに
赤ちゃん　育《そだ》てる

ゲップのうた

ゲップちゃん　ゲップちゃん
ゲップ　ゲップちゃん

赤ちゃん
ミルクを　のんだら
ゲップ　ゲップちゃん

おせなか　とんとん
ゲップ　ゲップちゃん

でてこい　でてこい
ゲップ　ゲップちゃん

でました　おおきい
ゲップ　ゲップちゃん

パパ　ママ　あんしん
ゲップ　ゲップちゃん

しゃっくりくん

しゃっくりくりくん
しゃっくりくん

どうして　きみは　でてくるの？
ミルクをのんで　ゲップした
赤ちゃんのあとから　でてくるの？

ひっく　ひっく　ひっく
赤ちゃんは　ほら

びっくり　あーん　なきそうよ

しゃっくりくりくん
しゃっくりくん

くりの子みたいな　なまえだね
ほんとはでてきて　赤ちゃんと
あそびたいのに　そうなのに

あーん　あーん　あーん
しまった　ないた
バイバイ　ひっく　さよならね

おゆびちゅぱちゅぱのうた

赤ちゃん
おゆびちゅぱちゅぱ
おゆびちゅぱちゅぱ
ちゅぱちゅぱ

ねむくなぁると
おゆび　おくちに

いれて　ちゅぱちゅぱ
ちゅぱちゅぱ

赤ちゃん
みつけたぁのよ
ねむいねぇむい
ちゅぱちゅぱ

おゆびちゅぱちゅぱ
おゆびちゅぱちゅぱ
ねんね　ねんねよ
ちゅぱちゅぱ

なみだくん

赤ちゃんの目から
なみだくん
ミルクほしいほしい
と　ないたら
赤ちゃんの目から
なみだくん

ねむいねむい
と　ないたら

はっぱの先から
こぼれおちた
雨のしずくみたいな
なみだくん

ないたときの
赤ちゃんの
おともだちなの
なみだくん

赤ちゃんは　すごいね

赤ちゃんは　すごいね
大きな口をあけ
大きな声あげて
体じゅうで　泣《な》くんだもん
　泣けなくなった
　おとなには　できない

赤ちゃんは　すごいね
なんでも　おもちゃにして

あそびをうみだして
ひとりで　あそべるんだもん
　頭のかたくなった
　おとなには　できない

赤ちゃんは　すごいね
まわりを笑顔《えがお》にする
まわりを明るく照《て》らす
みんなを　しあわせにするんだもん
　赤ちゃんではなくなった
　おとなには　できない

すごいね　赤ちゃんは　すごいね

一歳《さい》

赤ちゃんが生まれた日は
○《ゼロ》歳○か月一日

ここから
一日　一日
つみ木をつみかさねるように
日を　つみかさねる
そして　三百六十五日目に

一歳　おめでとう

小さな　小さな
「できる」の芽《め》が
赤ちゃん　ひとり　ひとりの速度《そくど》で
少しずつ　少しずつ
のびてゆく

ぴかっぴかの　「できた」が
いくつも　うまれる
一歳までに
一歳からも

金の王かん

バースデーケーキに
ろうそく　一本

生まれてはじめての
たんじょうび

赤ちゃんと
おかあさん

おとうさん
三人で
　フウッ
と　ろうそくの火を　けす

ハッピーバースデー
一さい　おめでとう
元気に　そだってね
生まれてくれて　ありがとう

一さいのたんじょうびは
金の王かん　かぶってる

お母さんも　お父さんも

赤ちゃんが　一歳《さい》の誕生日《たんじょうび》は
お母さんも　お父さんも
一歳の誕生日

この一年
じぶんの時間はもてず
じぶんのことは　あとまわし
生活は百八十度《ど》変《か》わった

おもちゃが陣取《じんど》った家の中で
二十四時間　毎日
慣《な》れない赤ちゃんと
必死《ひっし》に格闘《かくとう》してきた

夢中《むちゅう》で育《そだ》ててきた一年
今日は　じぶんに
あたたかいことばをかけよう
「よくやってきたね」と

親になって　一歳
その重《おも》さに　おめでとう

あるくのだいすき

あるきだした
赤ちゃんは
おうちのなかを
ぴたぴた　ぴたぴた
あるいてる

すん　と　おしりから

おちても
また
ぴたぴた　ぴたぴた

あるきだした
赤ちゃんは
あさ　おきてから
よる　ねむるまで
あるくの　だいすき

ゆめのなかでも
あるいているかしら

小さな　あるく太陽《たいよう》

白い　小さなくつはいて
たっと　たっと
赤ちゃんが　あるいてる
ときどき　笑《わら》い声《ごえ》をたて
からだじゅうから
「あるくの　だいすき」の
まぶしい光がでている

たっと　たっと
小さな　あるく太陽

すれちがうひとたちは
小さな太陽に照《て》らされ
にこにこ　ほほ笑《え》む
空気まであたたかく

たたたた　たっと
たのしそうに　外を
あるく　あるく

ぱちぱちぱち

てのひらと
てのひらを
あわせて　たたくと
ぱちぱちぱち

いい　おと　でるね
あかちゃん
ぱちぱちぱち

すごいね
かっこいいな

「わー」
こえも　でてくるね

おかあさんと
ぱちぱちぱち

おとうさんと
ぱちぱちぱち

その意味《いみ》なあに

赤ちゃんの口から
するする
ぺらぺら
ぶつぶつ
ぽつぽつ

へんてこりんな
すっとんきょうな

宇宙《うちゅう》語みたいな
まだ　ことばにならない
ことばの赤ちゃんたちが
とびでてくる

ママにも　パパにも
わからない
わからなくても
するする　ぺらぺら

その意味　なあに
おしえて　赤ちゃん

おひざのうえで

よんで
えほん　よんで
おひざの　うえで
ね　おとうさん

よんで
えほん　よんで

おひざの　うえで
ね　おかあさん

のりもののほん
こぐまちゃんのほん
いない　いない　ばあのほん

おひざの　うえで
ね　きょうも

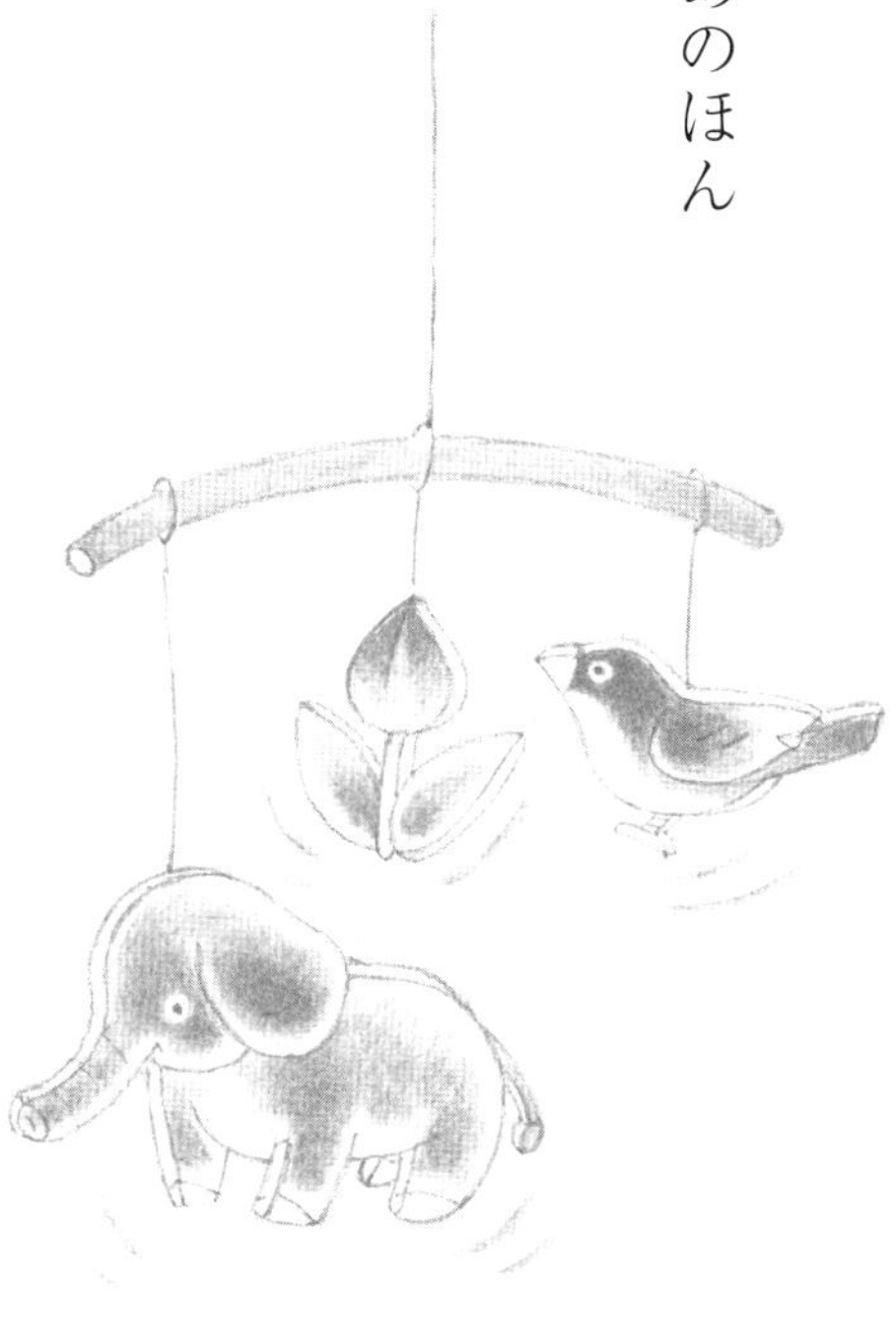

育《そだ》ってゆく赤ちゃん

赤ちゃんは
育ってゆく力を
もっている

「できない」壁《かべ》を
つぎつぎこわし

これが　「できる」「できた」
あれが　「できる」「できた」

「できる」「できた」の
広く新しい世界《せかい》に
じぶんで進《すす》んでゆく
そのときの
自信《じしん》に輝《かがや》く顔ったら

育ってゆく赤ちゃん
きょうは　どんな壁を
こわそうとしてゆくだろう

赤ちゃんは宝《たから》

一歩　家を出ると
今日も　会う
ベビーカーの赤ちゃん
だっこの赤ちゃんに

ねむってる赤ちゃん
おきてる赤ちゃん
泣《な》いてる子もいる

少子化《しょうしか》といっても
赤ちゃんは　いる
町のなかにいるだけで
空気が　やわらかくなる
ほほ笑《え》みがこぼれる

赤ちゃんは
お父さん　お母さんの宝
おじいちゃん　おばあちゃんの宝
そして　その町の　この社会の
生まれてきてくれて　ありがとうの宝

今日は　どんな赤ちゃんに
会えるかな

あとがき

第五詩集『空の日』を出版《しゅっぱん》してから、世界史《せかいし》に残《のこ》る大きな出来事が二つありました。新型《しんがた》コロナウイルス感染症《かんせんしょう》発生と世界的な大流行、そして、ウクライナ侵攻《しんこう》です。

この詩集には、前者に関《かん》しては、「沈丁花《じんちょうげ》はマスクをはずして」「また会おうね」を、後者では「パパは英雄《えいゆう》」「世界中のクリスマスの朝に」を収《おさ》めました。

コロナは、二〇二三年五月に「５類《るい》感染症」に。でも残念《ざんねん》ながら根絶《こんぜつ》には至《いた》っていません。後者は、出口がいまだ見えていません。どちらも早く治《おさ》まり、平和で穏《おだ》やかな世界になるよう心から祈《いの》っています。

それ以外《いがい》には、季節《きせつ》の折々《おりおり》の詩と共《とも》に、赤ちゃんの詩を収めています。身近に赤ちゃんが誕生《たんじょう》したこともありますが、個人《こじん》的《てき》なことを超《こ》えて、赤ちゃんの存在《そんざい》そのものに、改《あらた》めて目が開かれました。どの赤ちゃんもみな宝《たから》。どうかすこやかに育ってくれますように。赤ちゃんを育てているお母さん、お父さんにもぜひ読んでほしい作品たちです。

なお、「いのちの音」は、中学二年道徳《どうとく》教科書に掲載《けいさい》されました。出産《しゅっさん》の写真を撮《と》っている写真家繁延《しげのぶ》あづささん作品の、生後まもない男の赤ちゃんの写真に、この詩が添《そ》えられています。

毎日のニュースや新聞などの報道《ほうどう》で、いのちのことを考えない日はありません。いのちに国境《こっきょう》はない。同じひとつの地球に生まれ、ひとりひとつずつ授《さず》けられている、尊《とうと》いいのち。耳には直接聞こえませんが、いま、この時も、力強い音を立て、一回きりの生を刻《きざ》み込《こ》んでいます。

両開き窓《まど》をあけて、みえる青空。上げ下げ窓をあけて、みえる家のなか。表紙、裏表紙の絵をはじめ、高見八重子《たかみやえこ》さんの豊かな感性の絵が、詩集にやわらかく、やさしい風を吹《ふ》き込んでくださいました。心からお礼を申しあげます。

編集長《へんしゅうちょう》西野真由美《にしのまゆみ》さんの的確《てきかく》なアドバイス、細《こま》やかでセンス抜群《ばつぐん》の編集、どんなに心強かったでしょう。ほんとうにありがとうございました。

創業者《そうぎょうしゃ》の柴崎俊子《しばざきとしこ》さん、このたびもすてきな本ができました。ありがとうございます。

代表取締役《とりしまりやく》の西野《にしの》大介《だいすけ》さん、念願《ねんがん》だった『いのちの音』が出版でき、感謝申しあげます。

この本が、どうかあなたの好きな一冊になりますように。

二〇二三年　九月末

林《はやし》　佐知子《さちこ》

詩・林　佐知子（はやし　さちこ）

1958年東京都生まれ。1982年発行ジュニアポエム双書11『枯れ葉と星』高田敏子詩集を読んで、いつか子どもにもおとなにもわかる詩を書きたい気持ちが芽生える。

1997年作家清川　妙氏講師「心を伝える手紙とは」（朝日カルチャーセンター通信講座）第１期受講。

1998年童謡詩人もり・けん氏講師「童謡詩を書く」（朝日カルチャーセンター通信講座）受講。同人。

2012年から図書館で、詩を楽しむ講座を開いている。

作品「いのちの音」中学２年道徳教科書「きみが　いちばん　ひかるとき」（光村図書）掲載

著書に『きょうという日』（ジュニアポエム173）、『天にまっすぐ』（ジュニアポエム189）、『春はどどど』（ジュニアポエム207）、『この空につながる』（ジュニアポエム230）、『空の日』（ジュニアポエム277）ともに銀の鈴社。

絵・高見八重子（たかみ　やえこ）

1948年横浜生まれ

「おむすびころりん」・「いっすんぼうし」・「へこきよめさま」（鈴木出版）「なんじゃもんじゃのいのち」（金の星社）など、幼児誌への挿絵を中心に仕事をしています。

NDC911
神奈川　銀の鈴社　2023
91頁　21cm（いのちの音）

ジュニアポエムシリーズ　309　　2023年10月23日初版発行
本体1,600円＋税

いのちの音

著　　者　　林　佐知子 ©　絵・髙見八重子 ©
発 行 者　　西野大介
編集発行　　㈱銀の鈴社 TEL 0467-61-1930　FAX 0467-61-1931
〒248-0017 神奈川県鎌倉市佐助 1-18-21 万葉野の花庵
https://www.ginsuzu.com
E-mail　info@ginsuzu.com

ISBN978－4－86618－153－0　C8092
落丁・乱丁本はお取り替え致します
印刷　電算印刷
製本　渋谷文泉閣

……… 林　佐知子 詩集 ………

いのちの音

どくん　どくん　どくん
心臓《しんぞう》が鼓動《こどう》してる
これが　いのちの音

おかあさんの
おなかの中にいたときから
死《し》ぬそのときまで
一日の休みもなく
ひとつっきりの　いのちを
一回きりの　生を
刻《きざ》み込《こ》んでいる
この星に生まれた
すべての人は

春はどどど
串田敦子 絵
定価：1,200円＋税
ジュニアポエムシリーズ207
★◎♡

天にまっすぐ
串田敦子 絵
定価：1,200円＋税
ジュニアポエムシリーズ189
☆★◎♡▲

きょうという日
串田敦子 絵
定価：1,200円＋税
ジュニアポエムシリーズ173
☆★◎♡▲

いのちの音
髙見八重子 絵
定価：1,600円＋税
ジュニアポエムシリーズ309

空の日
葉 祥明 絵
定価：1,600円＋税
ジュニアポエムシリーズ277
★♡

この空につながる
串田敦子 絵
定価：1,200円＋税
ジュニアポエムシリーズ230
★♡

☆日本図書館協会選定
★全国学校図書館協議会選定
▲神奈川県児童福祉審議会推薦優良図書
◎学校図書館図書整備協会選定図書
♡日本子どもの本研究会選定

…ジュニアポエムシリーズ…

1 鈴木敏史詩集 宮下琢郎・絵 星の美しい村 ★☆
2 小池知子詩集 高志孝子・絵 おにわいっぱいぼくのなまえ ★☆
3 鶴岡千代子詩集 武田淑子・絵 白い虹 児文芸新人賞
4 楠木しげお詩集 久保雅勇・絵 カワウソの帽子
5 津坂治男詩集 垣内美穂・絵 大きくなったら ★◇
6 後藤れい子詩集 山本まつ子・絵 あくたれぼうずのかぞえうた
7 北村蔦子詩集 柿本幸造・絵 あかちんらくがき
8 吉田瑞穂詩集 吉田翠・絵 しおまねきと少年 ★⊠◎
9 新川和江詩集 葉祥明・絵 野のまつり ★☆
10 阪田寛夫詩集 織茂恭子・絵 夕方のにおい ★◈○☆
11 高田敏子詩集 若山憲・絵 枯れ葉と星 ★☆
12 原田直友詩集 吉田翠・絵 スイッチョの歌 ★◎
13 小林純一詩集 久保雅勇・絵 茂作じいさん ★♪⊙☆◎
14 長谷川俊太郎詩集 長新太・絵 地球へのピクニック ★◎◇
15 与田準一詩集 深沢省三・深沢紅子・絵 ゆめみることば ★

16 岸田衿子詩集 中谷千代子・絵 だれもいそがない村
17 江間章子詩集 榊原直美・絵 水と風 ◇◎
18 原田直友詩集 小野まり・絵 虹―村の風景― ★
19 福田正夫詩集 福田達夫・絵 星の輝く海 ★☆
20 草野心平詩集 長野ヒデ子・絵 げんげと蛙 ★☆○◇
21 宮田滋子詩集 青木まさる・絵 手紙のおうち ☆○
22 久保田昭三詩集 斎藤彬子・絵 のはらでさきたい
23 鶴岡千代子詩集 加倉井和夫・武田淑子・絵 白いクジャク ★♪
24 尾上尚子詩集 まど・みちお・絵 そらいろのビー玉 ★☆ 児文協新人賞
25 水上紅詩集 深沢紅子・絵 私のすばる ☆
26 野呂昶詩集 福島一二三・絵 おとのかだん ★
27 こやま峰子詩集 武田淑子・絵 さんかくじょうぎ ☆
28 青戸かいち詩集 駒宮録郎・絵 ぞうの子だって
29 まきたかし詩集 福田達夫・絵 いつか君の花咲くとき ★☆♡
30 薩摩忠詩集 駒宮録郎・絵 まっかな秋 ★☆♡

31 新川和江詩集 福島一二三・絵 ヤァ！ヤナギの木 ★☆○♡
32 井上靖詩集 駒宮録郎・絵 シリア沙漠の少年 ★☆♡
33 古村徹三 詩・絵 笑いの神さま
34 江上波夫詩集 青空風太郎・絵 ミスター人類 ○☆
35 秋原秀夫詩集 鈴木義治・絵 風の記憶 ★◎
36 水村三千夫詩集 武田淑子・絵 鳩を飛ばす
37 久冨純江詩集 渡辺安芸夫・絵 風車 クッキングポエム
38 日野生三詩集 吉野晃希男・絵 雲のスフィンクス ★
39 佐藤雅子詩集 佐藤太清・広瀬きよみ・絵 五月の風 ★
40 小黒恵子詩集 武田淑子・絵 モンキーパズル ★
41 木村信子詩集 山本典子・絵 でていった
42 中野栄子詩集 吉田翠・絵 風のうた ☆
43 宮田滋子詩集 牧村慶子・絵 絵をかく夕日 ★
44 大久保テイ子詩集 渡辺安芸夫・絵 はたけの詩 ★☆
45 秋原秀夫詩集 赤星亮衛・絵 ちいさなともだち ♥

☆日本図書館協会選定（2015年度で終了）　♪日本童謡賞　♧岡山県選定図書　◇岩手県選定図書
★全国学校図書館協議会選定（SLA）　♡日本子どもの本研究会選定　◆京都府選定図書
□少年詩賞　■茨城県すいせん図書　♥秋田県選定図書　⊠芸術選奨文部大臣賞
○厚生省中央児童福祉審議会すいせん図書　♣愛媛県教育会すいせん図書　⊙赤い鳥文学賞　◈赤い靴賞

…ジュニアポエムシリーズ…

46 日友靖子詩集 藤城清治・安西明美・絵 猫曜日だから ◆☆
47 秋葉てる代詩集 武田淑子・絵 ハープムーンの夜に ♡
48 こやま峰子詩集 山本省三・絵 はじめのいーっぽ ★♡
49 黒柳啓子詩集 金子滋・絵 砂かけ狐 ♡
50 三枝ますみ詩集 武田淑子・絵 ピカソの絵 ☆♡♪
51 夢虹二詩集 武田淑子・絵 とんぼの中にぼくがいる ♡○♥
52 はたちよしこ詩集 まど・みちお・絵 レモンの車輪 □✿
53 大岡信詩集 葉祥明・絵 朝の頌歌 ★☆♡♥◎
54 吉田瑞穂詩集 吉田翠・絵 オホーツク海の月 ★☆♡
55 さとう恭子詩集 村上保・絵 銀のしぶき ★☆♡
56 星乃ミミナ詩集 葉祥明・絵 星空の旅人 ★☆♡
57 葉祥明詩・絵 ありがとう そよ風 ★♡▲
58 青戸かいち詩集 初山滋・絵 双葉と風
59 小野ルミ詩集 和田誠・絵 ゆきふるるん ★☆♪♡
60 なぐもはるき詩・絵 たったひとりの読者 ★♡✿

61 小関秀夫詩集 小倉玲子・絵 風《かざ》 栞《しおり》 ★♡♥
62 海沼松世詩集 守下さおり・絵 かげろうのなか ☆♡
63 山本龍生詩集 小倉玲子・絵 春行き一番列車 ♡
64 小泉周二詩集 深沢省三・絵 こもりうた ★☆♡
65 かわてせいぞう詩集 若山憲・絵 野原のなかで ♡★♥
66 えぐちまき詩集 赤星亮衛・絵 ぞうのかばん ♡◆♥
67 池田あきつ詩集 小倉玲子・絵 天気雨 ♡
68 藤井則行詩集 君島美知子・絵 友へ ♡♤
69 藤哲生詩集 武田淑子・絵 秋いっぱい ★♠
70 日友靖子詩集 深沢紅子・絵 花天使を見ましたか ★
71 吉田瑞穂詩集 吉田翠・絵 はるおのかきの木 ★
72 小島禄琅詩集 中村陽子・絵 海を越えた蝶 ★☆♡♥
73 にしおまさこ詩集 杉田幸子・絵 あひるの子 ★
74 山下竹二詩集 徳田徳志芸・絵 レモンの木 ★
75 高崎乃理子詩集 奥山英俊・絵 おかあさんの庭 ★♡

76 檜きみこ詩集 広瀬弦・絵 しっぽいっぽん ★♪□☆♡
77 たかはしけいこ詩集 高田三郎・絵 おかあさんのにおい ♡♣□
78 星乃ミミナ詩集 深澤邦朗・絵 花かんむり ♥☆♡
79 佐藤照雄詩集 津波信久・絵 沖縄 風と少年 ☆♡★
80 相馬梅子詩集 やなせたかし・絵 真珠のように ♥★
81 小島禄琅詩集 深沢紅子・絵 地球がすきだ ★
82 鈴木美智子詩集 黒澤梧郎・絵 龍のとぶ村 ◇★♥
83 いがらしれいこ詩集 高田三郎・絵 小さなてのひら ☆
84 宮入黎子詩集 小倉玲子・絵 春のトランペット ☆★
85 下田喜久美詩集 方振寧・絵 ルビーの空気をすいました ☆
86 野呂昶詩集 方振寧・絵 銀の矢ふれふれ ★
87 ちよはらまちこ詩集 ちよはらまちこ・絵 パリパリサラダ ★
88 秋原秀夫詩集 徳田徳志芸・絵 地球のうた ☆★
89 中島あやこ詩集 井上緑・絵 もうひとつの部屋 ★
90 藤川こうのすけ詩集 葉祥明・絵 こころインデックス ☆

✼サトウハチロー賞
◌三木露風賞
♤福井県すいせん図書
▲神奈川県児童福祉審議会推薦優良図書
♠奈良県教育研究会すいせん図書
✧北海道選定図書
◇静岡県すいせん図書
◎学校図書館図書整備協会選定図書（SLBA）
✣毎日童謡賞
✿三越左千夫少年詩賞

…ジュニアポエムシリーズ…

△長野県教育委員会すいせん図書　✡(財)日本動物愛護協会推薦図書
◈茨城県推奨図書　●児童ペン賞

…ジュニアポエムシリーズ…

136 秋葉てる代詩集 やなせたかし・絵 おかしのすきな魔法使い ♪★
137 青戸かいち詩集 永田萠・絵 小さなさようなら ✿★
138 柏木恵美子詩集 高田三郎・絵 雨のシロホン ♡★
139 藤井則行詩集 阿見みどり・絵 春 だ か ら ♡★◎
140 黒田勲子詩集 山中冬児・絵 いのちのみちを
141 南郷芳明詩集 的場豊子・絵 花 時 計
142 やなせたかし 詩・絵 生きているってふしぎだな
143 内田麟太郎詩集 斎藤隆夫・絵 うみがわらっている
144 しまざきふみ詩集 島崎奈緒・絵 こねこのゆめ ♡
145 糸永えつこ詩集 武井武雄・絵 ふしぎの部屋から ♡
146 石坂きみこ詩集 鈴木英二・絵 風 の 中 へ ♡
147 坂本のこ詩集 坂本こう・絵 ぼくの居場所 ♡
148 島村木綿子 詩・絵 森 の た ま ご ✿
149 楠木しげお詩集 わたせせいぞう・絵 まみちゃんのネコ ★
150 牛尾良子詩集 上矢津・絵 おかあさんの気持ち ♡

151 三越左千夫詩集 阿見みどり・絵 せかいでいちばん大きなかがみ ★
152 水村三千夫詩集 高見八重子・絵 月と子ねずみ
153 川越文子詩集 横松桃子・絵 ぼくの一歩 ふしぎだね ★
154 すずきゆかり詩集 葉祥明・絵 まっすぐ空へ
155 西田純詩集 葉祥明・絵 木の声 水の声
156 清野倭文子詩集 水科舞・絵 ちいさな秘《ひ》密《みつ》
157 川奈静詩集 直江みちる・絵 浜ひるがおはパラボラアンテナ ★◎
158 若木良水詩集 西真里子・絵 光と風の中で
159 牧陽子詩集 渡辺あきお・絵 ね こ の 詩 ★◎
160 宮田滋子詩集 阿見みどり・絵 愛 一 輪 ★◎
161 井上灯美子詩集 唐沢静・絵 ことばのくさり ☆♪
162 滝波万理子詩集 滝波裕子・絵 みんな王《おう》様《さま》 ★♪
163 冨岡みち詩集 関口コオ・絵 かぞえられへん せんぞさん ★
164 垣内磯子詩集 辻恵子・切り絵 緑色のライオン ★◎
165 すぎもとれいこ詩集 平井辰夫・絵 ちょっといいことあったとき ★

166 岡田喜代子詩集 おぐらひろかず・絵 千 年 の 音 ★☆◎
167 川奈静詩集 直江みちる・絵 ひもの屋さんの空 ★◎☆♥♡
168 鶴岡千代子詩集 武田淑子・絵 白 い 花 火 ★☆
169 井上灯美子詩集 唐沢静・絵 ちいさい空をノックノック ★◎☆
170 尾崎杏子詩集 ひなた山すじゅう郎・絵 海辺のほいくえん ☆♡★◎
171 柘植愛子詩集 やなせたかし・絵 たんぽぽ線路 ☆♡★◎♪
172 小林比呂古詩集 うめざわのりお・絵 横須賀スケッチ ☆★◎♡▲
173 林佐知子詩集 串田敦子・絵 きょうという日 ☆★◎♡▲
174 後藤基宗子詩集 岡澤由紀子・絵 風とあくしゅ ☆♥★◎♡
175 十屋律子詩集 高瀬のぶえ・絵 るすばんカレー ☆♡★◎▲
176 三輪アイ子詩集 深沢邦朗・絵 かたぐるましてよ ★☆♡
177 田辺瑞美子詩集 西真里子・絵 地 球 賛 歌 ☆★◎
178 髙瀬美代子詩集 小倉玲子・絵 オカリナを吹く少女 ☆♡
179 中野惠子詩集 串田敦子・絵 コロポックルでておいで ★♡☆♪
180 松井節子詩集 阿見みどり・絵 風が遊びにきている ★☆♡▲

…ジュニアポエムシリーズ…

181	新谷智恵子詩集	徳田徳志芸・絵	とびたいペンギン	佐世保文学賞 ♡★◎▲
182	牛尾良子詩集	牛尾征治・写真	庭のおしゃべり	♡★◎
183	三枝ますみ詩集	髙見八重子・絵	サバンナの子守歌	☆★
184	佐藤雅子詩集	佐藤太清・菊池治子・絵	空の牧《まき》場《ば》	☆★♡■◎◈
185	山内弘子詩集	おぐらひろかず・絵	思い出のポケット	♡★♪
186	山内弘子詩集	阿見みどり・絵	花の旅人	♡★▲
187	原国子詩集	牧野鈴子・絵	小鳥のしらせ	♡★△◎
188	人見敬子詩・絵		方《はこ》舟《ぶね》地球号 —いのちは元気—	♡★◎
189	林佐知子詩集	串田敦子・絵	天にまっすぐ	★☆♡◎
190	小臣富子詩集	渡辺あきお・絵	わんさかわんさかどうぶつさん	✡♡★◎
191	川越文子詩集	かまだちえみ・写真	もうすぐだからね	♡★◎
192	永田喜久男詩集	武田淑子・絵	はんぶんごっこ	☆★◎♡
193	吉田房子詩集	大和田明代・絵	大地はすごい	★◎♡▲
194	石井春香詩集	髙見八重子・絵	人魚の祈り	★♡
195	石原一輝詩集	小倉玲子・絵	雲のひるね	♡
196	たかはしけいこ詩集	髙橋敏彦・絵	そのあと ひとは	★
197	宮田滋子詩集	おおた慶文・絵	風がふく日のお星さま	★♡◎
198	渡辺恵美子詩集	つるみゆき・絵	空をひとりじめ	★♡♪
199	宮中雲子詩集	西真里子・絵	手と手のうた	★
200	杉本深由起詩集	太田大八・絵	漢字のかんじ	★♡❁
201	井上灯美子詩集	唐沢静・絵	心の窓が目だったら	★♡
202	峰松晶子詩集	おおた慶文・絵	きばなコスモスの道	★♡
203	高橋文子詩集	山中桃子・絵	八丈太鼓	★♡
204	長野貴子詩集	武田淑子・絵	星座の散歩	★♡
205	江口正子詩集	髙見八重子・絵	水の勇気	♡☆★
206	藤本美智子詩・絵		緑のふんすい	☆♡★
207	林佐知子詩集	串田敦子・絵	春はどどど	♡★◎
208	小関秀夫詩集	阿見みどり・絵	風のほとり	☆♡★▲
209	宗美津子詩集	宗信寛・絵	きたのもりのシマフクロウ	♡★
210	かわてせいぞう詩集	髙橋敏彦・絵	流れのある風景	☆♡★
211	土屋律子詩集	高瀬のぶえ・絵	ただいまぁ	★♡☆◎▲
212	永田喜久男詩集	武田淑子・絵	かえっておいで	☆♡★
213	みたみちこ詩集	牧進・絵	いのちの色	♡★
214	糸永えつこ詩集	糸永わかこ・絵	母です 息子です おかまいなく	♡☆★
215	宮田滋子詩集	武田淑子・絵	さくらが走る	♡☆★♪
216	柏木恵美子詩集	吉野晃希男・絵	ひとりぼっちの子クジラ	♡★◎
217	江口正子詩集	髙見八重子・絵	小さな勇気	♡☆★
218	井上灯美子詩集	唐沢静・絵	いろのエンゼル	★♡
219	中島あやこ詩集	日向山寿十郎・絵	駅伝競走	★☆♡
220	高橋孝治詩集	髙見八重子・絵	空の道 心の道	★♡
221	江口正子詩集	日向山寿十郎・絵	勇気の子	♡☆★
222	宮田滋子詩集	牧野鈴子・絵	白鳥よ	☆★
223	井上良子詩集	銅版画	太陽の指環	★
224	川越文子詩集	山中桃子・絵	魔法のことば	♡☆★
225	西本みさこ詩集	上司かのん・絵	いつもいっしょ	☆♡

…ジュニアポエムシリーズ…

226 おばらいちこ詩集 髙見八重子・絵 ぞうのジャンボ ☆★♡
227 吉田 房子詩集 本田あまね・絵 まわしてみたい石臼 ★♡
228 吉田 房子詩集 阿見みどり・絵 花　詩　集 ★♡◎
229 田中たみ子詩集 唐沢 静・絵 へこたれんよ ★◎
230 林 佐知子詩集 串田 敦子・絵 この空につながる ★♡
231 藤本美智子 詩・絵 心のふうせん ★♡
232 火星 雅範詩集 西川 律子・絵 ささぶねうかべたよ ★♡▲
233 吉田 房子詩集 岸田 歌子・絵 ゆりかごのうた ★♡
234 むらかみみちこ詩集 むらかみみちこ・むらかみあくる・絵 風のゆうびんやさん ★♡
235 白谷 玲花詩集 阿見みどり・絵 柳川白秋めぐりの詩 ★♡
236 ほさかとしこ詩集 内山つとむ・絵 神さまと小鳥 ★☆♡
237 内田麟太郎詩集 長野ヒデ子・絵 まぜごはん ☆★◎♡▲
238 小林比呂古詩集 出口 雄大・絵 きりりと一直線 ♡★
239 牛尾 良子詩集 おぐらひろかず・絵 うしの土鈴とうさぎの土鈴 ★◎♡
240 山本 純子詩集 ルイコ・絵 ふ　ふ　ふ ★♡☆◎

241 神田 亮 詩・絵 天使の翼 ★☆♡
242 かんざわみえ詩集 阿見みどり・絵 子供の心大人の心さ迷いながら ☆★◎▲
243 永田喜久男詩集 内山つとむ・絵 つながっていく ★☆♡
244 浜野木 碧 詩・絵 海原散歩 ☆★◎♡
245 やまうち・しゅうへい詩集 山本 省三・絵 風のおくりもの ☆★◎♡
246 すぎもとれいこ 詩・絵 てんきになあれ ★◎
247 冨岡 みち詩集 加藤 真夢・絵 地球は家族 ひとつだよ ♡☆◎★
248 北野 千賀詩集 滝波 裕子・絵 花束のように ♡☆★◎
249 石原 一輝詩集 加藤 真夢・絵 ぼくらのうた ♡★◎
250 土屋 律子詩集 高瀬のぶえ・絵 まほうのくつ ♡☆★◎▲
251 津坂 治男詩集 井上 良子・絵 白い太陽 ☆♡★◎
252 石井 英行詩集 よしだちなつ・表紙絵 野原くん ☆★♡◎▲
253 井上灯美子詩集 唐沢 静・絵 たからもの ☆♡★
254 大竹 典子詩集 加藤 真夢・絵 おたんじょう ☆★
255 たかはしけいこ詩集 織茂 恭子・絵 流　れ　星 ★♡

256 谷川俊太郎詩集 下田 昌克・絵 そ　し　て ♡★◎
257 なんば・みちこ詩集 布下 満・絵 トックントックン 大空で大地で ★◎
258 宮本美智子詩集 阿見みどり・絵 夢の中に そっと ★◎♡
259 成本 和子詩集 阿見みどり・絵 天使の梯子 ★◎
260 海野 文音詩集 牧野 鈴子・絵 ナンドデモ ★♡
261 熊谷 本郷詩集 永田 萠・絵 かあさん かあさん ★♡
262 大楠 翠詩集 吉野晃希男・絵 おにいちゃんの紙飛行機 ★♡♪
263 久保 恵子詩集 たかせちなつ・絵 わたしの心は 風に舞う ★♡
264 みずかみさやか詩集 葉 祥明・絵 五月の空のように ★♡
265 尾崎 昭代詩集 中辻アヤ子・絵 たんぽぽの日 ★
266 はやし ゆみ詩集 渡辺あきお・絵 わたしはきっと小鳥 ★
267 田沢 節子詩集 永田 萠・絵 わき水ぷっくん △★♡
268 柘植 愛子詩集 そねはらまさえ・絵 赤いながぐつ ★♡
269 馬場与志子詩集 日向山寿十郎・絵 ジャンケンポンでかくれんぼ ♡★
270 内田麟太郎詩集 高畠 純・絵 たぬきのたまご ★●♡

ジュニアポエムシリーズは、子どもにもわかる言葉で真実の世界をうたう個人詩集のシリーズです。

本シリーズからは、毎回多くの作品が教科書等の掲載詩に選ばれており、1974年以来、全国の小・中学校の図書館や公共図書館等で、長く、広く、読み継がれています。

心を育むポエムの世界。

一人でも多くの子どもや大人に豊かなポエムの世界が届くよう、ジュニアポエムシリーズはこれからも小さな灯をともし続けて参ります。

271	むらかみみちこ詩・絵	家族のアルバム	★♡
272	井上和子詩集 吉田瑠美・絵	風のあかちゃん	★♡
273	佐藤一志詩集 日向山寿十郎・絵	自然の不思議	♡★
274	小沢千恵詩・絵	やわらかな地球	♡★
275	あべこうぞう詩集 大谷さなえ・絵	生きているしるし	♡★
276	宮田滋子詩集 田中槇子・絵	チューリップのこもりうた	★♡
277	林佐知子詩集 葉祥明・絵	空の日	★♡
278	いしがいようこ詩・絵	ゆれる悲しみ	★♡
279	村瀬保子詩集 武田淑子・絵	すきとおる朝	♡★
280	あわのゆりこ詩集 高畠純・絵	まねっこ	★♡
281	川越文子詩集 福田岩緒・絵	赤い車	★♡
282	白石はるみ詩集 かないゆみこ・絵	エリーゼのために	★♡
283	尾崎杏子詩集 日向山寿十郎・絵	ぼくの北極星	♡★
284	壱岐梢詩集 葉祥明・絵	ここに	★
285	野口正路詩集 山手正彦・絵	光って生きている	★◎
286	樋口てい子詩集 串田敦子・絵	ハネをもったコトバ	★◎
287	火星雅範詩集 西川律子・絵	ささぶねにのったよ	
288	大楠翠詩集 吉野晃希男・絵	はてなとびっくり	★◎✿
289	大澤清詩集 阿見みどり・絵	組曲 いかに生きるか	★
290	たかはしけいこ詩集 織茂恭子・絵	いっしょ	★♡◎
291	内田麟太郎詩集 大野八生・絵	なまこのぽんぽん	★◎○
292	はやしゆみ詩集 はなてる・絵	こころの小鳥	♡★◎
293	いしがいようこ詩・絵	あ・そ・ぼ！	★♡◎
294	帆草とうか詩・絵	空をしかくく切りとって	★♡
295	土屋律子詩集 吉野晃希男・絵	コピーロボット	★◎♡
296	川上佐貴子詩集 はなてる・絵	アジアのかけ橋	♡★◎
297	西沢杏子詩集 東逸子・絵	さくら貝とプリズム	♡★◎
298	鈴木初江詩集 小倉玲子・絵	めぐりめぐる水のうた	★◎
299	白谷玲花詩集 牧野鈴子・絵	母さんのシャボン玉	◎★
300	ゆふあきら詩集 ゆふくみこ・絵 やまぐちかおる・絵	すずめのバスケ	♡★◎
301	半田信和詩集 吉野晃希男・絵	ギンモクセイの枝先に	★◎
302	弓削田健介詩集 葉祥明・絵	優《やさ》しい詩《うた》のお守《まも》りを	★♡
303	内田麟太郎詩集 井上コトリ・絵	たんぽぽ ぽぽぽ	★◎♡
304	宮本美智子詩集 阿見みどり・絵	水色の風の街	★◎♡
305	星野良一詩集 ながしまよいち・絵	星の声、星の子へ	♡★✿◎
306	うたかいずみ詩集 しんやゆう子・絵	あしたの木	♡★◎
307	藤本美智子詩・絵	木の気分	♡★◎
308	大迫弘和詩集 葉祥明・絵	ルリビタキ	★◎
309	林佐知子詩集 高見八重子・絵	いのちの音	
310	森木林詩集 葉祥明・絵	あたたかな風になる	
311	内田麟太郎詩集 かみやしん・絵	たちつてと	
312	星野良一詩集 ながしまよいち・絵	スターライト	

＊刊行の順番はシリーズ番号と異なる場合があります。

銀の小箱シリーズ
四六変型

- 葉 祥明 詩・絵　小さな庭
- 若山 憲 詩・絵　白い煙突
- こばやしひろこ・詩 うめざわのりお・絵　みんななかよし
- 江口 正子・詩 油野 誠一・絵　みてみたい
- やなせたかし 詩・絵　あこがれよなかよくしよう
- 冨岡 みち・詩 関口 コオ・絵　ないしょやで
- 小林比呂古・詩 神谷 健雄・絵　花かたみ
- 小泉 周二・詩 辻 友紀子・絵　誕生日・おめでとう
- 柏原 耿子・詩 阿見みどり・絵　アハハ・ウフフ・オホホ★♡▲
- こばやしひろこ・詩 うめざわのりお・絵　ジャムパンみたいなお月さま★▲

小さな詩の絵本
新企画 オールカラー・A6判

- 内田麟太郎・詩 たかすかずみ・絵　いっしょに♡★◎

すずのねえほん
B5判・A4変型版

- たかはしけいこ・詩 中釜浩一郎・絵　わたし★◎
- 尾上 尚子・詩 小倉 玲子・絵　ぽわぽわん
- 糸永えつこ・詩 高見八重子・絵　はる なつ あき ふゆ もうひとつ★ 児文芸新人賞
- 山口 敦子・詩 高橋 宏幸・絵　ばあばとあそぼう
- あらい・まさはる・童謡 しのはらはれみ・絵　けさいちばんのおはようさん
- 佐藤 雅子・詩 佐藤 太清・絵　こもりうたのように♪ 美しい日本の12ヵ月 日本童謡賞
- 柏木 隆雄・詩 やなせたかし他・絵　かんさつ日記★♡
- マリウス・マルツィンケヴィチウス・詩 ラサ・ヤンチャウスカイテ・絵 きむらあや・訳　ちいさな ちいさな♡◎★

銀の鈴文庫
文庫サイズ・A6判

- 小沢 千恵・詩 下田 昌克・絵　あのこ♡▲

アンソロジー
A5判

- 渡辺 浦人・編 村上 保・絵　赤い鳥 青い鳥♪
- わたげの会・編 渡辺あきお・絵　花ひらく★
- 木曜会・編 西 真里子・絵　いまも星はでている★
- 木曜会・編 西 真里子・絵　いったりきたり♡
- 木曜会・編 西 真里子・絵　宇宙からのメッセージ
- 木曜会・編 西 真里子・絵　地球のキャッチボール★◎
- 木曜会・編 西 真里子・絵　おにぎりとんがった☆★◎
- 木曜会・編 西 真里子・絵　みぃーつけた♡★◎
- 木曜会・編 西 真里子・絵　ドキドキがとまらない
- 木曜会・編 西 真里子・絵　神さまのお通り★
- 木曜会・編 西 真里子・絵　公園の日だまりで★♡
- 木曜会・編 西 真里子・絵　ねこがのびをする♡★

掌の本 アンソロジー
A7判

- こころの詩 I 品切
- しぜんの詩 I
- いのちの詩 I 品切
- ありがとうの詩 I 品切
- 詩集 希望
- 詩集 家族
- いのちの詩集―いきものと野菜
- ことばの詩集―方言と手紙
- 詩集―夢・おめでとう
- 詩集―ふるさと・旅立ち

掌の本
A7判

- 森埜こみち・詩　こんなときは！